Gérmenes al acecho

Escribir, simplificar y evaluar expresiones

Lori Barker

Asesoras

Pamela Dase, M.A.Ed.
Maestra certificada por la Junta Nacional
Barbara Talley, M.S.
Universidad de Agricultura y Mecánica de Texas

Créditos de publicación

Rachelle Cracchiolo, M.S.Ed., *Editora comercial*
Emily R. Smith, M.A.Ed., *Vicepresidenta superior de desarrollo de contenido*
Véronique Bos, *Vicepresidenta de desarrollo creativo*
Caroline Gasca, M.S.Ed., *Gerenta general de contenido*
Robin Erickson, *Directora superior de arte*

Créditos de imágenes

Portada Coneyl Jay/Photo Researchers, Inc./qcontrol/Shutterstock; 9.1 Coneyl Jay/Photo Researchers, Inc./qcontrol/Shutterstock pág.4 omkar.a.v/Shutterstock; pág.5 Diego Cervo/Shutterstock; pág.6 akg-images/Newscom; pág.7 holbox/Shutterstock, (inserto) holbox/Shutterstock; pág.8 fzant/ iStockphoto; pág.9 (superior) Oystein Sando/Dreamstime, (inferior) christopher waters/Shutterstock; pág.11 (superior) Shemetov Maxim Itar-Tass Photos/Newscom, (recuadro) RedTC/Shutterstock; pág.12 Michael Taylor/Shutterstock; pág.13 Sebastian Tomus/Shutterstock; pág.14 Tyler Olson/Shutterstock; pág.15 Michael Taylor/Shutterstock; pág.17 EMPPhotography/iStockphoto; pág.19 Katrina Brown/Shutterstock; pág.20 Kacso Sandor/Shutterstock; pág.21 Leah-Anne Thompson/Shutterstock; pág.22 (izquierda) Sebastian Kaulitzki/Shutterstock, (derecha) Charles B. Ming Onn/Shutterstock, (inferior) Medicimage/Photolibrary; pág.23 Tom Grundy/Shutterstock; pág.24 (superior) Sielemann/Shutterstock, (inferior) DenGuy/iStockphoto; pág.25 Jily/iStockphoto; pág.26 PHOTOCREO Michal Bednarek/Shutterstock, (inserto) zentilia/Shutterstock; pág.27 (superior) Yellowj/Shutterstock, (izquierda) Murat Baysan/ Shutterstock, (derecha) Mikael Cedergren/Shutterstock; pág.28 c.byatt-norman/Shutterstock, (inserto) Hybrid Medical Animation/Photo Researchers, Inc.

TCM Teacher Created Materials

5482 Argosy Avenue
Huntington Beach, CA 92649
www.tcmpub.com

ISBN 979-8-7659-6059-2

© 2024 Teacher Created Materials, Inc.
Printed by: 51497
Printed in: China

Tabla de contenido

¿Qué son los gérmenes?

"¡Cúbrete la boca cuando toses!". ¿Conoces esta frase? A todos nos han dicho que nos cubramos la boca al toser y al estornudar. Sabemos que debemos lavarnos las manos después de ir al baño y antes de comer, y que la boca no se apoya en los bebederos. Hacemos todo esto para evitar que se propaguen los gérmenes. Pero ¿qué son los gérmenes?

Los gérmenes son seres vivos diminutos que solo pueden verse con un microscopio. Son **microbios**, o microorganismos. Algunos gérmenes están formados por una sola célula. Otros no son ni siquiera una célula completa y necesitan estar dentro de otro organismo vivo.

Hay muchos microbios que son necesarios para que estemos saludables. Desafortunadamente, hay gérmenes que están siempre al acecho y pueden enfermarnos gravemente.

Cuando nos cubrimos la boca al toser o estornudar, evitamos que los gérmenes se propaguen. No es una buena idea cubrirse la boca directamente con la mano, ya que los gérmenes se propagan fácilmente a través del contacto con las manos.

Por más que intentemos prevenir la propagación de gérmenes, la mayoría de las personas se enferman cada tanto. A veces, los niños deben faltar a la escuela porque están enfermos. Las escuelas reúnen datos para llevar la cuenta de las ausencias de los estudiantes.

Se pueden usar **expresiones numéricas** para comprender los datos. Una expresión numérica es una combinación de números y operaciones que no ha sido **evaluada**. Imagina que en la clase de la quinta hora del maestro Marin se registró el doble de ausencias que en la clase de la tercera hora. La expresión numérica 2(46) representa las ausencias del primer semestre en la clase de la quinta hora del maestro Marin.

Clase de matemáticas del maestro Marin: ausencias en el primer semestre

Clase	Cantidad de ausencias
1.ª hora	75
3.ª hora	46
5.ª hora	2(46)

Diferentes maneras de decirlo

Las expresiones de multiplicación pueden escribirse de distintas maneras:

$$2 \times 46 \qquad 2 \cdot 46$$
$$2(46) \qquad (2)(46)$$

Louis Pasteur

¿Cuándo fue la última vez que te resfriaste? Los resfríos son causados por los gérmenes. A Louis Pasteur se le conoce como el padre de la microbiología. Desarrolló la "teoría microbiana de las enfermedades". Descubrió que los microorganismos pueden causar enfermedades tales como tu último resfrío. También halló que los gérmenes merodean en el aire, en la piel, en el cuerpo y en casi cualquier lugar que puedas imaginar.

Louis Pasteur (1822–1895) nos ayudó muchísimo a entender cómo actúan los gérmenes.

Gérmenes al acecho

Los **virus** y las **bacterias** son dos tipos comunes de microorganismos que pueden causar **infecciones**. Las bacterias son pequeñas, pero los virus son aún más pequeños.

En 1865, comenzó a morir una gran cantidad de gusanos de la seda en un pueblo de Francia. Los gusanos no desarrollaban sus capullos, por lo que la industria de la seda se veía afectada. Le pidieron a Pasteur que estudiara a los gusanos para saber cuál era el problema. Cuando Pasteur examinó a los gusanos enfermos con un microscopio, observó microbios. Los gusanos tenían gérmenes que los estaban enfermando.

Los gusanos de la seda en realidad no son gusanos. Son orugas.

Los capullos de los gusanos de la seda se usan para fabricar seda.

En uno de sus experimentos, Pasteur esparció restos de gusanos de la seda enfermos sobre unas hojas y se las dio de comer a otros gusanos que estaban sanos. Los gusanos sanos se enfermaron. Luego, Pasteur esparció restos de gusanos sanos sobre las hojas y se las dio de comer a otros gusanos sanos. Esta vez, los gusanos sanos no se enfermaron.

Diferentes maneras de decirlo

Pasteur estudió a los gusanos de la seda para averiguar qué los enfermaba. Imagina que en un experimento tenía 100 gusanos que debía dividir en cuatro grupos. La expresión numérica $\frac{100}{4}$ representa la cantidad de gusanos que hay en cada grupo.

Las expresiones de división pueden escribirse de distintas maneras:

$$4\overline{)100} \qquad \frac{100}{4} \qquad 100 \div 4$$

Solo se enfermaron los gusanos sanos que comieron restos de gusanos enfermos. Ciertos gérmenes de los gusanos enfermos los infectaron. Con su microscopio, Pasteur observó que había gérmenes viviendo en los gusanos enfermos. Por medio de esta investigación, Pasteur estableció una clara relación entre los gérmenes y la enfermedad.

El hilo de seda proviene de los capullos de los gusanos de la seda. Los capullos secos se sumergen en agua hirviendo para ablandarlos. Luego se devanan las fibras para producir el hilo.

Este hilo de seda se teñirá y se tejerá para formar una tela.

La pasteurización

Los gérmenes pueden estar al acecho en los alimentos que consumimos o en los líquidos que bebemos. El calor mata los gérmenes. Pero demasiado calor puede dañar el alimento donde están los gérmenes. La pasteurización es un proceso en el que se usa calor para matar los gérmenes sin alterar el sabor ni otras propiedades de los alimentos. Fue desarrollada por Louis Pasteur. Los alimentos se calientan por debajo del **punto de ebullición** durante una determinada cantidad de tiempo. Hoy en día, tanto la leche como una gran cantidad de otros alimentos y bebidas pasan por el proceso de pasteurización.

EXPLOREMOS LAS MATEMÁTICAS

Estas son algunas pautas para pasteurizar la leche:

Temperatura de pasteurización	Tiempo de calentamiento
145 °F (63 °C)	30 minutos
162 °F (72 °C)	15 segundos
192 °F (89 °C)	1 segundo

a. Si la leche se calienta a 192 °F en vez de a 162 °F, se ahorra tiempo. Escribe una expresión numérica que muestre la diferencia entre las dos temperaturas.

b. Una fábrica de productos lácteos pasteuriza la leche a 63 °C. Escribe una expresión numérica que muestre cuántos segundos tarda la leche en pasteurizarse a esa temperatura. (*Pista:* Recuerda que 1 minuto = 60 segundos).

c. Una vaca lechera promedio produce unos 19,710 galones de leche en un año (365 días). Escribe una expresión numérica para hallar la cantidad de galones que produce una vaca lechera promedio por día.

Un trabajador supervisa las máquinas de pasteurización en una granja de productos lácteos.

leche cruda

La leche sin pasteurizar se llama *leche cruda*. La leche cruda de vacas sanas contiene pocas bacterias, por lo que beberla probablemente no represente un peligro para la salud. Sin embargo, la leche cruda puede **contaminarse** fácilmente con las máquinas de una planta de productos lácteos. Asimismo, las vacas pueden transmitir enfermedades mediante su leche. Por este motivo, en muchos lugares no está permitido vender leche cruda para su consumo.

11

Unas pocas bacterias que causan enfermedades no suelen representar una amenaza para la salud. Por lo general, el cuerpo tiene la habilidad de atacar a esos invasores. El problema es que los gérmenes se multiplican rápidamente y pasan a ser más de los que el cuerpo puede combatir.

Las bacterias se propagan creando copias de sí mismas. Cada célula se divide a la mitad, que es lo mismo que duplicarse. Observa lo rápido que una sola célula se transforma en muchas más.

Se duplica 1 célula.	$(1) \cdot 2 = 2$
Se duplican 2 células.	$(2) \cdot 2 = 4$
Se duplican 4 células.	$(2 \cdot 2) \cdot 2 = 8$
Se duplican 8 células.	$(2 \cdot 2 \cdot 2) \cdot 2 = 16$
Se duplican 16 células	$(2 \cdot 2 \cdot 2 \cdot 2) \cdot 2 = 32$
Se duplican 32 células.	$(2 \cdot 2 \cdot 2 \cdot 2 \cdot 2) \cdot 2 = 64$

Una célula se multiplica en dos células dividiéndose a la mitad. Observa que multiplicar por 2 da el mismo resultado que dividir entre $\frac{1}{2}$.

$$1 \cdot 2 = 2$$
$$1 \div \frac{1}{2} = 2$$

Las bacterias de SARM se multiplican rápidamente.

Forma exponencial

Un factor que se multiplica dos o más veces (como 3 • 3 • 3 • 3) puede escribirse en **forma exponencial**. La forma exponencial tiene una **base** y un **exponente**. La base es el número que se usa como factor. El exponente es el número que indica cuántos factores iguales deben multiplicarse. 3 • 3 • 3 • 3 se escribe 3^4 en la forma exponencial. Se lee *tres elevado a la cuarta potencia*, o *tres a la cuarta*.

¿Te diste cuenta de que al cabo de cuatro duplicaciones hay 16 células? La expresión numérica se puede escribir en forma exponencial. Los exponentes ahorran mucho tiempo y espacio cuando se deben representar números grandes. La expresión 2^4 representa 2 • 2 • 2 • 2, lo que es igual a 16. 2^4 muestra que cada vez que una célula se multiplica, forma dos células. En cuatro multiplicaciones, se forman 16 células.

células bacterianas dividiéndose

EXPLOREMOS LAS MATEMÁTICAS

Imagina que una célula bacteriana forma cinco copias de sí misma cada vez que se divide.

a. Escribe una expresión para hallar cuántas células habría después de tres divisiones. Usa la forma exponencial.

b. Escribe una expresión para hallar cuántas células habría después de seis divisiones. Usa la forma exponencial.

Gérmenes en las manos

Los gérmenes están al acecho en las manos. ¿Ayer te lavaste las manos? ¿Cuántas veces? La **variable** m puede representar la cantidad de veces que te lavaste las manos. Las variables son letras o símbolos que se pueden usar para representar números. Este número quizás sea desconocido. El número también puede cambiar o tener diferentes valores en diferentes momentos. Muchas veces también se usan otras letras como variables, por ejemplo, la x, la y y la n. Incluso se pueden usar imágenes y recuadros como variables.

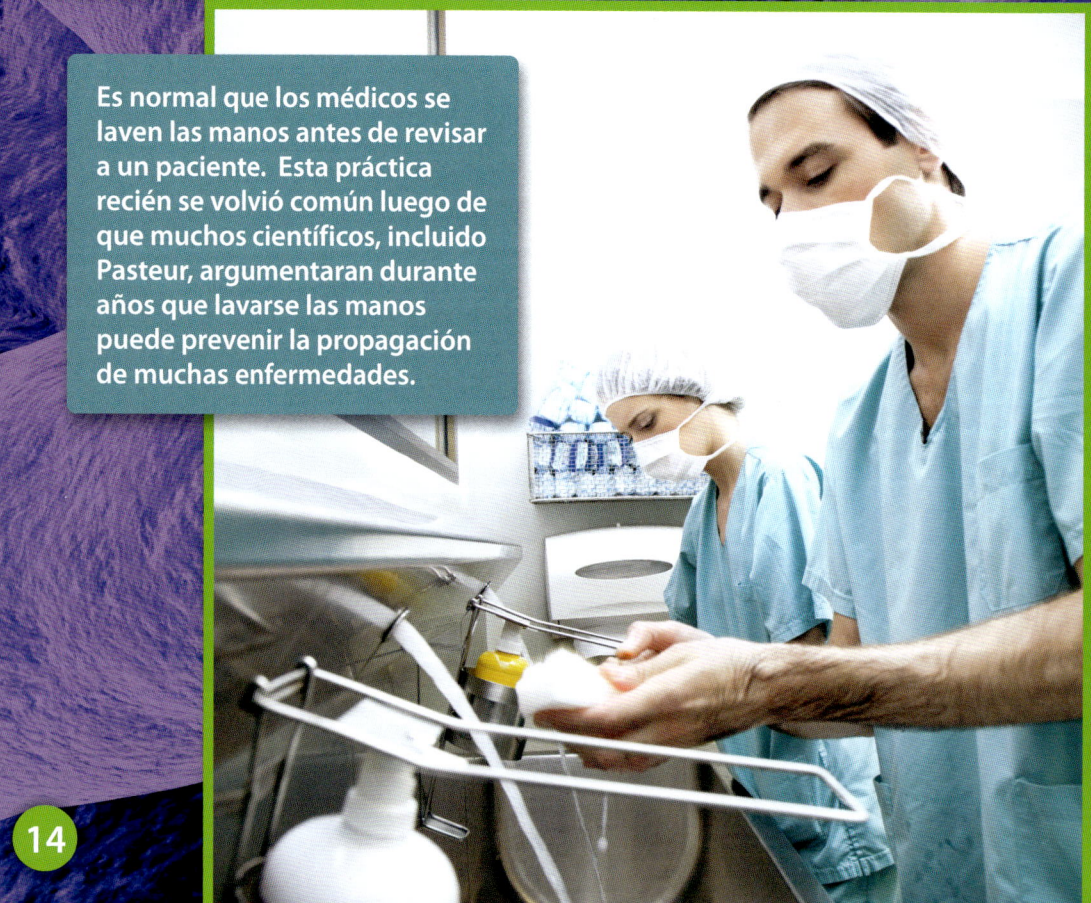

Es normal que los médicos se laven las manos antes de revisar a un paciente. Esta práctica recién se volvió común luego de que muchos científicos, incluido Pasteur, argumentaran durante años que lavarse las manos puede prevenir la propagación de muchas enfermedades.

Cuando te lavas las manos, debes usar jabón y agua tibia. Debes lavarte al menos durante 20 segundos. Multiplica la cantidad de veces que te lavas las manos en un día por 20 segundos. Así obtienes el total de tiempo que pasas lavándote las manos en un día. Se puede representar con $20m$. Esta es una **expresión algebraica**. Es una combinación de números, variables y una o más operaciones.

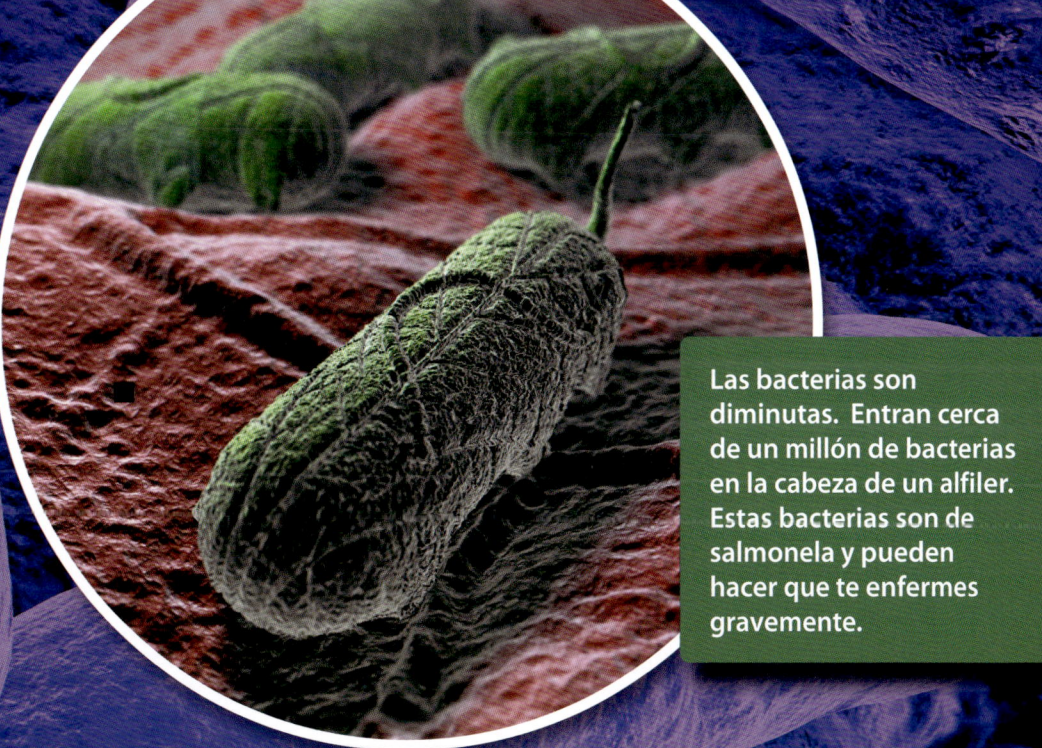

Las bacterias son diminutas. Entran cerca de un millón de bacterias en la cabeza de un alfiler. Estas bacterias son de salmonela y pueden hacer que te enfermes gravemente.

Las expresiones algebraicas contienen **términos**. En el término $20m$, el número (20) que se multiplica por la variable se llama **coeficiente**. El término $20m$ significa "20 multiplicado por el valor m".

coeficiente ⟶ $20m$ ⟵ variable

¿Sabías que hay gérmenes hasta en el jabón? El jabón común no mata los gérmenes. Los desprende de la piel para que luego se vayan con el agua. Para reducir la cantidad de gérmenes que quedan en el jabón, puedes enjuagarlo después de usarlo.

Imagina que te lavas las manos durante 20 segundos, 12 veces al día. Evalúa la expresión 20m para hallar el tiempo que pasas por día lavándote las manos.

- Identifica la expresión.   20m

- Identifica el valor de la variable. $m = 12$

- Sustituye.   20(12)

- Evalúa la expresión numérica.   240

- Escribe la respuesta con la unidad de
  medida correcta.   240 segundos

Pasas 240 segundos al día lavándote las manos.

La tabla de abajo muestra la expresión 20m evaluada para diferentes valores de la variable m.

Cantidad de veces que te lavas las manos	Expresión para los segundos que te lavas las manos	Tiempo total lavándote las manos (en segundos)
m	20(m)	20m
1	20(1)	20
3	20(3)	60
8	20(8)	160
10	20(10)	200
13	20(13)	260

Cada vez que te laves las manos, trata de hacerlo al menos durante 20 segundos y con agua tibia y jabón. Cantar dos veces el "Cumpleaños feliz" es una buena forma de calcular esa cantidad de tiempo.

Los cirujanos tienen que lavarse las manos y los antebrazos frotándolos durante dos a seis minutos antes de una cirugía. Deben hacerlo ya vestidos con ropa de quirófano limpia, gorro quirúrgico y mascarilla. Mientras se lavan, mantienen las manos por encima de los codos para que el agua sucia no les caiga en las manos limpias.

EXPLOREMOS LAS MATEMÁTICAS

a. La Dra. Ramírez tarda 5 minutos en lavarse las manos antes de una cirugía. Teniendo en cuenta que se lava m veces al día, escribe una expresión que muestre cuántos minutos por día pasa lavándose las manos.

b. Evalúa la expresión que escribiste en el problema **a** si la Dra. Ramírez se lava tres veces al día.

c. Evalúa la expresión que escribiste en el problema **a** si la Dra. Ramírez se lava 10 veces al día.

Imagina que un hospital pequeño cuenta con cuatro cirujanos en un departamento y dos en otro. Cada cirujano se lava las manos tres veces al día. Se puede escribir una expresión para hallar el total de minutos que los cirujanos pasan lavándose las manos.

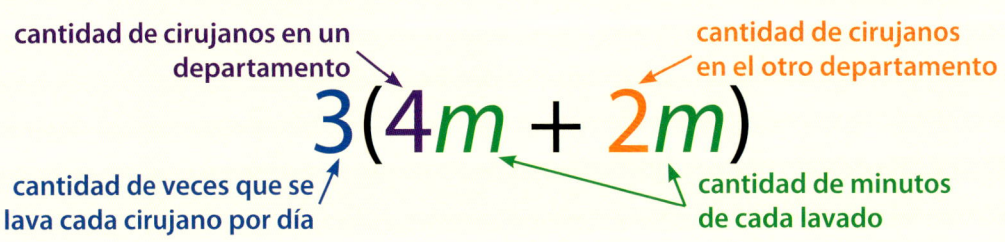

cantidad de cirujanos en un departamento

cantidad de cirujanos en el otro departamento

$$3(4m + 2m)$$

cantidad de veces que se lava cada cirujano por día

cantidad de minutos de cada lavado

Evalúa la expresión cuando cada cirujano se lava las manos durante seis minutos cada vez. Usa el orden de las operaciones para evaluar la expresión:

- Sustituye m por 6. $\qquad$ $3(4 \cdot 6 + 2 \cdot 6)$
- Resuelve dentro del agrupamiento.
  Multiplica de izquierda a derecha. $\qquad$ $3(24 + 12)$
- Suma dentro del agrupamiento. $\qquad$ $3(36)$
- Halla el producto de 3 y 36. $\qquad$ 108
- Escribe la respuesta con la unidad de medida correcta: $\qquad$ 108 minutos

Hallamos que los cirujanos pasan un total de 108 minutos por día lavándose las manos.

El orden de las operaciones

El orden de las operaciones es el orden que debe seguirse para evaluar una expresión:

1. Evalúa dentro de los *agrupamientos*.
2. Evalúa los *exponentes*.
3. *Multiplica* o *divide* de izquierda a derecha.
4. *Suma* o *resta* de izquierda a derecha.

Hay productos que matan los gérmenes, como la lejía, el jabón antibacteriano, el gel desinfectante de manos y las toallas con alcohol. Los hospitales compran una gran cantidad de estos productos. Observa el **inventario** de lejía de tres de los departamentos del hospital.

Inventario de lejía

Departamento	Cajas de botellas de lejía	Botellas de lejía adicionales
Cirugía	4	4
Sala de emergencias	2	1
Pediatría	3	5

La variable b representa la cantidad de botellas de lejía.

Cirugía: $4b + 4$
Sala de emergencias: $2b + 1$
Pediatría: $3b + 5$
Inventario total de lejía: $4b + 4 + 2b + 1 + 3b + 5$

Podemos **simplificar** la expresión para el inventario total de lejía combinando los **términos semejantes**. Estos términos tienen las mismas variables y los mismos exponentes correspondientes. Una **constante** es un valor que se mantiene igual. Las constantes en la expresión de arriba son 4, 1 y 5. Los números son constantes y también son términos semejantes.

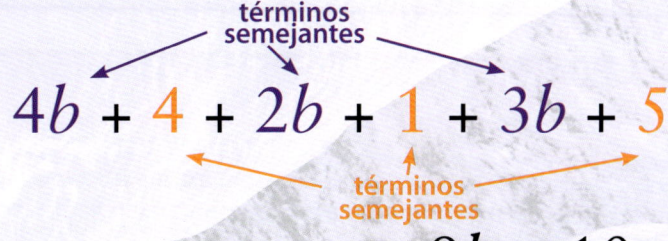

términos semejantes

$$4b + 4 + 2b + 1 + 3b + 5$$

términos semejantes

Expresión simplificada: $9b + 10$

Gérmenes en la boca

¿Sabías que los gérmenes también pueden vivir en tu boca? Los gérmenes de la boca pueden causar caries. Ciertas bacterias se desarrollan muy bien en el ambiente de la boca. Se alimentan de la comida que queda en los dientes. Los desechos que generan estas bacterias son ácidos. El ácido disuelve el **esmalte** de los dientes, es decir, la capa dura que los recubre. Las caries aparecen cuando el ácido perfora el esmalte y los dientes.

El azúcar contribuye a la formación de caries, pero también lo hacen los alimentos ricos en almidón, como el pan o las papas fritas. Los dulces pegajosos como el caramelo o las gomitas son particularmente problemáticos ya que el azúcar se queda más tiempo en los dientes, lo que es un festín para las bacterias.

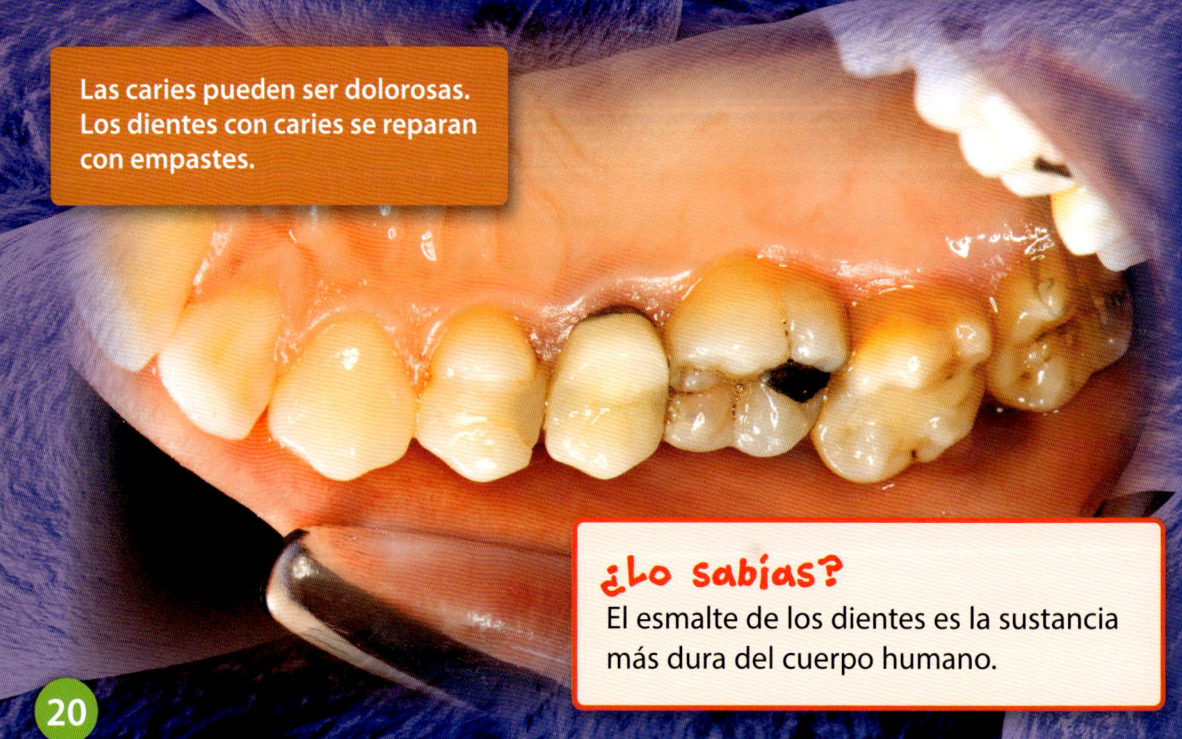

Las caries pueden ser dolorosas. Los dientes con caries se reparan con empastes.

¿Lo sabías?
El esmalte de los dientes es la sustancia más dura del cuerpo humano.

Hay muchas cosas que puedes hacer para combatir los gérmenes que causan caries. Algo muy útil es lavarte los dientes con una pasta dental que contenga flúor. El flúor refuerza el esmalte dental. También puedes prevenir las caries usando hilo dental a diario y yendo al dentista dos veces al año.

Imagina que tres estudiantes de sexto grado fueron al dentista hace poco. Lamentablemente, todos tienen caries. Estela tiene seis veces más caries que Marcus. Kai tiene cuatro veces más caries que Marcus. Mira la tabla de abajo. ¿Cuántas caries tienen los estudiantes en total?

Estudiante	Cantidad de caries
Marcus	x
Estela	$6x$
Kai	$4x$

- Escribe una expresión.

$$x + 6x + 4x$$

Si no hay un coeficiente adelante de la variable, entonces el coeficiente es igual a 1.

- Combina los términos semejantes para simplificar la expresión.

$$1x + 6x + 4x = 11x$$

La expresión simplificada es $11x$.

Los estudiantes tienen $11x$ caries en total.

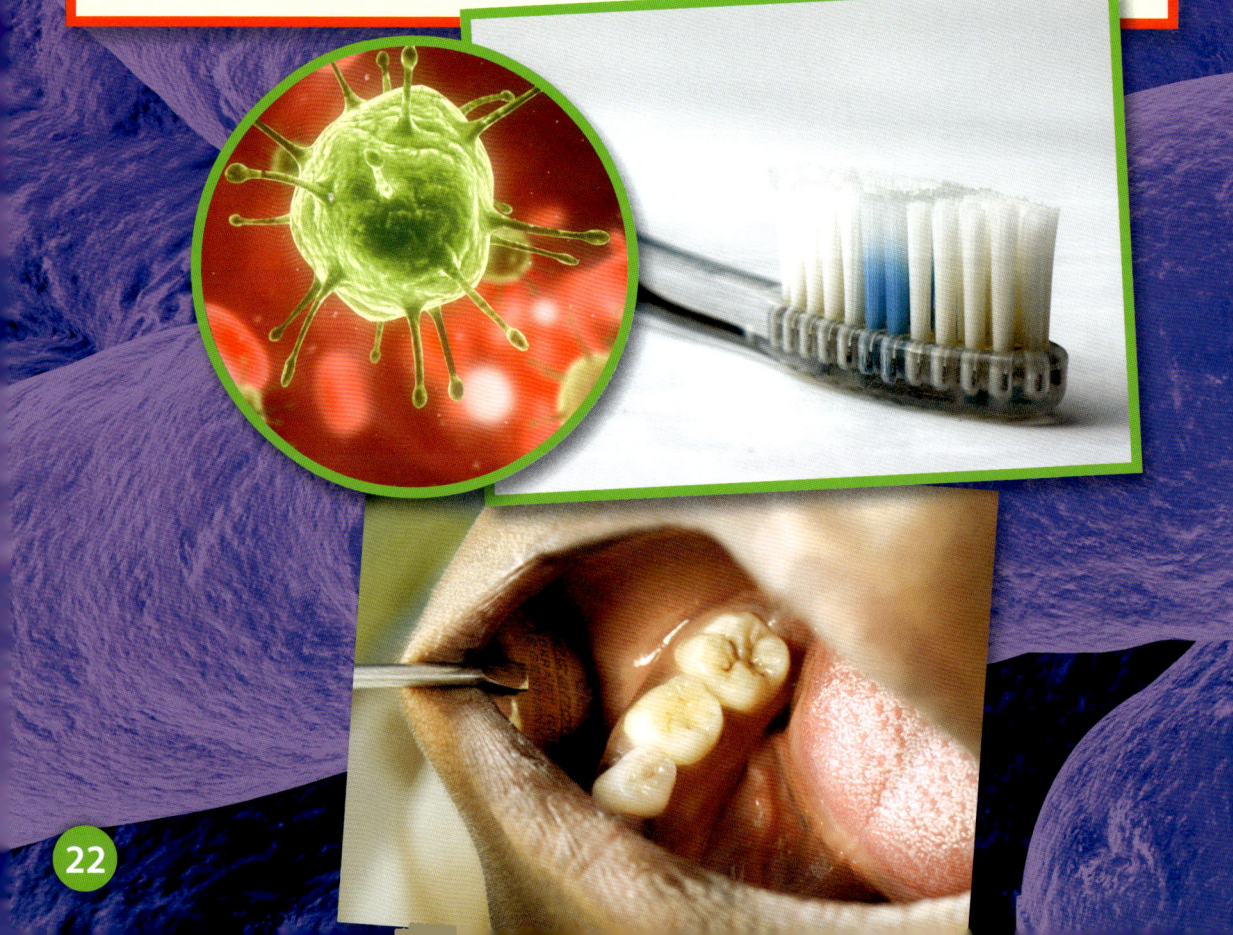

Imagina que, en la siguiente consulta al dentista, Estela y Kai duplicaron la cantidad de caries.

Podemos hallar la cantidad total de caries de dos maneras. Observa que ambos métodos llevan al mismo resultado: $20x$ caries. Los dos métodos siguen el orden de las operaciones.

Método 1: Duplica el total de caries de ambos estudiantes:

- Resuelve primero dentro del agrupamiento. $2(6x + 4x)$
- Multiplica. $2(10x)$

$20x$

Método 2: Duplica las caries de cada estudiante por separado:

- Multiplica cada término por 2. $2(6x) + 2(4x)$
- Suma. $12x + 8x$

$20x$

La propiedad distributiva

¿Observaste que $2(6x + 4x) = 2(6x) + 2(4x)$? Sabemos que esto es así por la propiedad distributiva. La propiedad distributiva establece que para todos los números a, b y c, $a(b + c) = ab + ac$, y $a(b - c) = ab - ac$.

Las radiografías ayudan a los dentistas a ver las caries.

Gérmenes por todos lados

Puede haber gérmenes al acecho en el instrumental ya usado en una cirugía o en un consultorio odontológico. Es necesario **esterilizar** estas herramientas después de haberlas usado para que queden completamente libres de gérmenes.

Para esterilizar el instrumental médico se utiliza un aparato llamado *autoclave*. El autoclave emplea presión y vapor combinados con temperaturas extremadamente altas. Por lo general, las herramientas se colocan en un autoclave durante tres minutos a una temperatura de 273 °F (134 °C). No todo soporta las condiciones de un autoclave. Por ejemplo, muchos plásticos se derretirían.

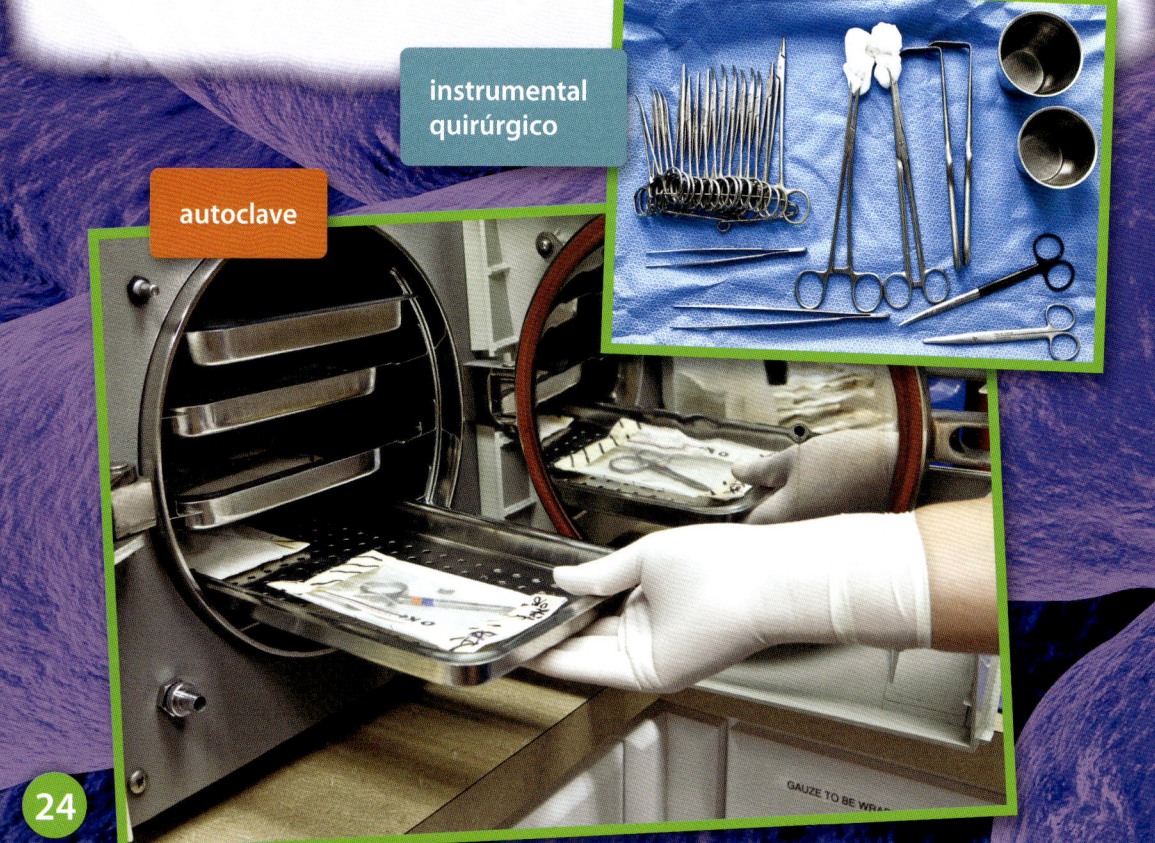

instrumental quirúrgico

autoclave

En casa, no es necesario usar un autoclave para eliminar los gérmenes. Colocar un objeto en un recipiente con agua hirviendo durante varios minutos basta para eliminar muchos gérmenes. Otros objetos, como las esponjas, se pueden calentar en un microondas o un lavavajillas para matar los gérmenes. Las superficies como las encimeras o las bañeras se pueden desinfectar con lejía o toallas húmedas antibacterianas.

EXPLOREMOS LAS MATEMÁTICAS

Todos los lunes, miércoles y viernes de cada semana, Jermaine repone en el hospital las toallas humedecidas con alcohol. Lleva x cajas los lunes. Los miércoles lleva 3 veces más cajas que los lunes. Los viernes lleva el doble de cajas que los miércoles.

a. Escribe una expresión para mostrar la cantidad de cajas que Jermaine lleva los miércoles.

b. Escribe una expresión para mostrar la cantidad de cajas que Jermaine lleva los viernes.

c. Escribe una expresión para mostrar la cantidad total de cajas que Jermaine lleva cada semana. Simplifica la expresión.

d. Evalúa la expresión que escribiste en el problema **c** cuando $x = 6$.

Donde menos los esperas

¿Qué preferirías tocar: el asiento de un inodoro o el teclado de una computadora? Probablemente te imagines que habrá gérmenes en el asiento de un inodoro. ¡Pero un teclado promedio tiene más gérmenes que un asiento de inodoro promedio!

Piensa en una sola tecla del teclado. Imagina que tiene 100 células bacterianas. Imagina que esas bacterias se duplican cuatro veces por hora. Al cabo de una hora, ¡la tecla tendrá 1,600 gérmenes!

Evaluar expresiones

$100 \cdot 2^4$	Evalúa esta expresión para hallar la cantidad de gérmenes.
$100 \cdot (2 \cdot 2 \cdot 2 \cdot 2)$	Evalúa el exponente. Multiplica 2 por sí mismo cuatro veces para representar cuatro divisiones celulares.
$100 \cdot (16)$	Multiplica la cantidad de células bacterianas por la cantidad total de divisiones (16).
$1,600$	Halla el valor de la expresión.

¡Qué asco!
Se descubrió que el teclado de una computadora tiene 40,000 veces más gérmenes que un inodoro.

¿Lo sabías?

Los gérmenes acechan en lugares de lo más inesperados:

- menús de restaurantes
- teléfonos
- pomos de puertas
- carritos de supermercado
- controles remotos
- dosificadores de jabón

EXPLOREMOS LAS MATEMÁTICAS

Para combatir los gérmenes, un hospital decidió reemplazar el teclado de todas las computadoras. Halla la cantidad total de teclados que se compraron.

Pista:

Recuerda el orden de las operaciones:

1. Evalúa dentro de los *agrupamientos*.

2. Evalúa los *exponentes*.

3. *Multiplica* o *divide* de izquierda a derecha.

4. *Suma* o *resta* de izquierda a derecha.

a. Hay tres departamentos en un hospital. Cada departamento necesita dos teclados para uso general y siete para uso individual. Escribe y evalúa una expresión para hallar la cantidad total de teclados que se necesitan.

b. Hay 20 computadoras que se usan en el departamento de Pediatría. Hay dos equipos de médicos, y tres médicos de cada equipo ya tienen teclados nuevos. Escribe y evalúa una expresión para hallar la cantidad de teclados nuevos que aún se necesitan en el departamento de Pediatría.

Brote de *E. coli*

Una cepa de la bacteria *E. coli* contaminó ciertos alimentos, y muchas personas de seis pueblos se enfermaron de gravedad.

Semana 1: Pueblo Enfermo informó 60 casos más que Pueblo Náuseas.

Semana 2: Se triplicó la cantidad de casos nuevos en Pueblo Enfermo, Pueblo Muy Enfermo y Pueblo Enfermísimo. La semana pasada, informaron 70, 79 y 81 casos, respectivamente.

Semana 3: Pueblo Descompuesto y Pueblo Indispuesto ahora informan que los casos se cuadruplicaron desde el primer brote.

¡Resuélvelo!

a. Escribe expresiones que muestren la cantidad de casos informados por Pueblo Enfermo en las semanas 1 y 2, basándote en la cantidad de casos que hubo en Pueblo Náuseas.

b. Escribe una expresión que muestre la cantidad de casos informados en la semana 3. Sea d la cantidad de casos informados primero por Pueblo Descompuesto. Sea i la cantidad de casos informados primero por Pueblo Indispuesto.

c. Evalúa la expresión que escribiste en el problema **b** si $d = 30$ e $i = 20$.

d. Una célula bacteriana *E. coli* se dividió tres veces en una hora. Escribe una expresión para representar la cantidad de bacterias después de n horas. ¿Cuántas habría al cabo de 3 horas?

Usa estos pasos como ayuda para resolver los problemas.

Paso 1: Para resolver el problema **a**, usa c para representar la cantidad de casos informados por Pueblo Náuseas. Para los casos informados en la semana 1, escribe una expresión que muestre 60 más que c. Para los casos informados en la semana 2, escribe una expresión para el triple de 60 más que c. Simplifica la expresión.

Paso 2: Para resolver el problema **b**, piensa qué significa "cuadruplicar".

Paso 3: Para resolver el problema **c**, sustituye las variables por los valores en tu expresión.

Paso 4: Para resolver el problema **d**, usa la forma exponencial para representar el crecimiento de las bacterias. Usa la variable n para representar la cantidad de horas. Luego, evalúa la expresión cuando $n = 3$.

Glosario

bacterias: microorganismos unicelulares que tienen muchas de las estructuras que se encuentran en una célula típica, pero no todas

base: el número que se usa como factor en la forma exponencial

coeficiente: el número por el que se multiplica una variable; 8 es el coeficiente en $8b$

constante: una cantidad que no cambia nunca

contaminarse: volverse impuro al mezclarse con algo que no está limpio

esmalte: la capa dura que recubre la superficie de un diente

esterilizar: eliminar los gérmenes por completo

evaluada: que se ha hallado su valor

exponente: un número que indica cuántas veces se multiplica una base por sí misma; en a^b, b es el exponente

expresión algebraica: una frase matemática que es una combinación de uno o más números y variables, y una o más operaciones

expresiones numéricas: frases matemáticas que son una combinación de uno o más números y una o más operaciones

forma exponencial: la forma a^b, que muestra la cantidad de veces (b) que un número (a) debe multiplicarse por sí mismo

infecciones: en el cuerpo, la presencia de microorganismos que causan enfermedades

inventario: un listado completo de los bienes disponibles

microbios: seres vivos que solo pueden verse ampliándolos, por ejemplo, con un microscopio

punto de ebullición: la temperatura a la que un líquido se convierte en gas

simplificar: combinar términos semejantes y aplicar propiedades matemáticas a una expresión hasta que no se puedan realizar más operaciones

términos: las partes de una ecuación o expresión algebraica, como números, variables o combinaciones de ambos

términos semejantes: los términos de una expresión matemática que tienen las mismas variables y los mismos exponentes correspondientes

variable: un símbolo o una letra que representa un valor desconocido

virus: microorganismos que no tienen pared celular, membrana celular ni núcleo; deben invadir a otras células para sobrevivir y crear copias de sí mismos

Índice

Exploremos las matemáticas

Página 10:

a. $192 - 162$

b. $(30)(60)$

c. $19{,}710 \div 365$

Página 13:

a. 5^3

b. 5^6

Página 17:

a. $5m$

b. $5(3) = 15$ minutos

c. $5(10) = 50$ minutos

Página 25:

a. $3x$

b. $2(3x)$

c. $x + 3x + 2(3x) = x + 3x + 6x = 10x$

d. $10x = 10(6) = 60$ cajas

Página 27:

a. $3(2 + 7) = 27$ teclados

b. $20 - 2(3) = 14$ teclados

Resolución de problemas

a. semana 1: $c + 60$; semana 2: $3(c + 60) = 3c + 180$

b. $4(d + i)$ o $4d + 4i$

c. 200 casos

d. 8^n; 512 células bacterianas